Dr. Phil. Peter Kneissl

Weisende Tiere in Gründungslegenden Österreichischer Klöster

Impressum

Weisende Tiere in Gründungslegenden Österreichischer Klöster
1. Auflage Februar 2021

Herausgeber: Maxim Niederhauser, 4600 Wels, Kamerlweg 4a
www.marcus-levski.at

Bibliografische Information der Deutschen Nationalbibliothek:
Die Deutsche Nationalbibliothek verzeichnet diese Publikation in der Deutschen Nationalbibliografie; detaillierte bibliografische Daten sind im Internet über http://dnb.dnb.de abrufbar.

© 2021 Dr. Peter Kneissl

weitere Mitwirkende: Layout und Umsetzung Maxim Niederhauser

Herstellung und Verlag: BoD – Books on Demand, Norderstedt

ISBN: 978-3-7407-8013-5

TWENTYSIX - Der Self-Publishing-Verlag

Eine Kooperation zwischen der Verlagsgruppe Random House und

BoD - Books on Demand

Vorwort

Nachdem ich zum Abschluss meines Geschichtestudiums an der Karl – Franzens – Universität Graz bei Univ. – Prof. Dr. Reinhard Härtel meine Dissertation „Gründungslegenden der bis zum Jahre 1200 gestifteten Klöster und Abteien Österreichs" geschrieben hatte, wurde eine erste Auflage davon durch Dr. Norbert Kernbichler gedruckt.

Nun ist es aufgrund vielfacher Nachfrage an der Zeit eine Neuauflage bzw. einen Aspekt daraus gesondert zu veröffentlichen. Ich habe mich hierbei für die Weisenden Tiere in den Gründungslegenden entschieden, da diese besonders häufig auftreten. Nun ist hierbei zu beachten, dass ein Tier auch eine eigene Symbolik besitzt, die in den früheren Jahrhunderten erheblich variieren konnte.

Somit ergibt sich ein buntes Mosaik, welches im Laufe von mehreren Jahrhunderten ein farbenfrohes Bild über die Gründung der Klöster präsentiert. Manchmal ist man verleitet zu schmunzeln oder das Dargestellte als völligen Humbug abzutun. Hierbei sollte man die Mentalität vergangener Zeiten jedoch nicht völlig außer Acht lassen.

Für Druck und Gestaltung ist Marcus E. Levski herzlicher Dank abzustatten.

St. Peter – Freienstein, Januar 2021.

Inhalt

Die Stiftung eines Klosters

Zu Historiographie und Geschichtsschreibung
etwas Anders als heute üblich

Vorstellung der Weisenden Tieren
in Gründungslegenden Österreichischer Klöster

    Augustinerchorherrenstift St. Florian bei Linz:

    Benediktinerinnenabtei St. Georgen am Längsee nahe
    St. Veit an der Glan

    Benediktinerabtei St. Georgenberg – Fiecht bei Vomp:

    Benediktinerinnenkloster Göss bei Leoben

    Benediktinerinnenkloster Gurk bei Treibach –
    Althofen

    Benediktinerabtei Kremsmünster nahe Wels

    Augustinerchorherrenstift Seckau bei Knittelfeld

    Zisterzienserkloster Viktring bei Klagenfurt

    Augustinerchorherrenstift im Wechselgebiet

Weisende Tiere in Gründungslegenden
von Klöstern in Österreichs Nachbarländern
St. Gallen – Schweiz

    Inselkloster der Benediktiner auf der Reichenau im
    Bodensee – Deutschland

Kartausenkloster Seitz – Slowenien

Zisterze Sittich – Slowenien

Zusammenfassung

Literaturquellen

Die Stiftung eines Klosters
Gründung und Erinnerung

Der Akt einer Klosterstiftung war die Bereitstellung materieller Güter zur Gründung einer klösterlichen Kooperation. Dahinter stand stets der nicht völlig altruistische Gedanke einer „Seelgerätstiftung" für den Stifter oder die Stifterin, um für ihr eigenes Seelenheil im Jenseits bereits zu ihren Lebzeiten gebührend Vorsorge zu tragen.

Dies war in der Frühzeit vor allem Grundbesitz, erst allmählich trat Geld hinzu. Nur durch eine ausreichende materielle und finanzielle Ausstattung (Dotierung) konnte das Bestehen des gestifteten Klosters gewährleistet werden. Im Laufe des 13. Jahrhunderts stieg die Zahl der als Familienstiftungen gegründeten Klöster, welche zugleich auch als Familiengrablegen dienten, deutlich an. Somit wurde auch die Frage des Bestattungsrechtes von Adligen in Klosterkirchen genau geregelt und festgeschrieben. Der Wille des Stifters galt generell als unantastbar und musste daher unbedingt befolgt werden.

Hieraus erwuchs in späteren Jahrhunderten (mitunter) jener Wohlstand, der Wissenschaft, Forschung und künstlerische Ausgestaltung erst ermöglichte.

Insbesondere das Grab des toten Klosterstifters galt und gilt bis heute als zentraler Ort des Gedächtnisses und der Erinnerung. Somit blieb er / sie auch nach ihrem Ableben ein stets gegenwärtiges Mitglied der von ihm ins Leben gerufenen klösterlichen Gemeinschaft. Hierzu war vor allem die streng geregelten Chorgebete mit der dazu gehörigen Liturgie ausersehen und unbedingt einzuhalten und zu vollziehen. Erst in der Regierungszeit Kaiser Josephs II. (1780 bis 1790) änderte sich im

Zuge der Aufklärung das Verständnis hierzu radikal und viele der in diesem Buch genannten Klöster wurden aufgehoben.

Zu Historiographie und Geschichtsschreibung
etwas Anders als heute üblich

Bis zur Mitte des 19. Jahrhunderts als für die Geschichtswissenschaft im Universitätsstudium strenge und normative Richtlinien eingeführt wurden, war das Verständnis und die Rolle der Geschichtsschreibung eine völlig Andere, als heute üblich.

Die Geschichte, lateinisch „Historia", galt als untergeordnete Wissenschaft der Theologie. Ja manche Historiker der früheren Jahrhunderte bezeichneten die Historie gar als „Magd der Theologie". Diese Selbsteinschätzung der eigenen Arbeit ist äußerst vielsagend und in mancher Hinsicht bezeichnend für Stellenwert und Aussagekraft der Historie.

Die Vergangenheit hatte ausschließlich als Ansammlung von Beispielen (lateinisch „exempla") für die Problemstellungen der Gegenwart zu dienen. Objektivität und rationale Begründungen waren völlig unbekannt.

Als Geschichtsschreiber treten bis ins Spätmittelalter fast ausschließlich nur Mönche und Nonnen auf – dies hängt mit der nur äußerst beschränkt vorhandenen Fähigkeit des Lesens und Schreibens zusammen. Dies war fast nur in den klösterlichen Schulen und Schreibstuben (Skriptorien) erlernbar und wurde auch fast nur an diesen Stätten vermittelt und praktiziert.

Als die oberste Quelle aller Weisheiten galt die Bibel. Daneben hatten auch der Philosoph Aristoteles (384 bis 322 v. Chr.) und in späterer Zeit der Poet Ovid (43 v. – 17 n. Chr.) einen außergewöhnlich hohen moralischen Stellenwert.

Entsprechend finden sich in den historiographischen Darstellungen zahlreiche legendenhafte und nebulose Angaben, die in einer heutigen geschichtlichen Darstellung keinen Raum mehr finden würden. Doch durch derartige Elemente wurden der Wert und die Wichtigkeit einer historischen Darstellung erhöht und aufgewertet.

Bereits die Auswahl des zu behandelnden Themas bedurfte eines großen intellektuellen Aufwandes. Das Entscheidende hierbei war die Grundfrage, welche historischen Fakten überhaupt einer Behandlung würdig seien – die viel gestellte Frage der Memorabilität war hierbei von zentraler Bedeutung. Im Idealfall konnte bereits der Historiker früherer Jahrhunderte zwischen mehreren Quellen für seine Darstellung auswählen. Diese nach ihrer Wertigkeit und Wichtigkeit zur Darstellung zu bringen, erfolgte nach heute nicht immer klar nachzuvollziehenden Kriterien der Scholastik.

Vorstellung der Weisenden Tieren
in Gründungslegenden Österreichischer Klöster

Im Folgenden werden jene Klöster Österreichs vorgestellt, die in ihren Klostergründungslegenden Motive um Weisende Tiere, die bei der Entstehung eine wesentliche Rolle spielen, aufweisen. Daneben wird auch auf die kulturelle und intellektuelle Situation zur Zeit der Entstehung der jeweiligen Gründungslegende eingegangen.

Augustinerchorherrenstift St. Florian bei Linz:

Gegründet um das Jahr 800 wird das Augustinerchorherrenstift St. Florian bei Linz im Jahre 823 urkundlich als Niederlassung von Chorherren genannt. Patron ist der legendäre Heilige Florian von Lorch, dessen Heiligenlegende vom Ende des achten Jahrhunderts datiert.

Er wurde mit einem Mühlstein um den Hals um das Jahr 304 von der Ennsbrücke gestoßen und sein Leichnam wurde bis zur Auffindung durch eine fromme Matrone von einem Adler bemantelt, um diesen zu schützen. Der Adler, der sich über der Leiche in der Form eines Kreuzes niederließ, ist ein Symbol für Christus. Durch weisende Tiere, ein Paar ungelernter Ochsen, die ein Gespann an den Ort der nachmaligen Stiftung des Chorherrenstiftes, ziehen sollen.

Der Adler als König der Lüfte (sein Äquivalent an Land ist der Löwe als König der Landtiere) besticht bei der Bewachung des teuren Leichnams besonders. Die ungelernten Ochsen fanden den gottgefälligen Bauplatz für das Klosters aufgrund ihrer animalischen Wildheit und ihrer Unbekümmertheit.
Die Handschrift, welche das Martyrium des Heiligen Florian enthält, wurde um das Jahr 820 in einem Brüsseler Skriptorium

vollendet. In der Zeit zwischen 1250 und 1350 wirkten im Skriptorium von St. Florian eine Gruppe hervorragender Illustratoren, welche auch für die Klöster von Kremsmünster, Wilhering und St. Nikola bei Passau anfertigten.

Benediktinerinnenabtei St. Georgen am Längsee nahe St. Veit an der Glan:

Das von Kaiser Joseph II. im Jahre 1783 aufgehobene Benediktinerinnenstift St. Georgen am Längsee wurde um das Jahr 1000 von Gräfin Wichburg von Sonnenburg gestiftet. Eine Gründungslegende, welche im Wortlaut jedoch nirgends aufzufinden war, berichtet von einem einst im Längsee hausenden Drachen; nach dessen Tötung durch den Heiligen Georg, wurde am Seeufer durch Gräfin Wichburg das gleichnamige Benediktinerinnenstift errichtet.

Der Drache erscheint hierbei als Symbol für die Gefahren des Wassers und als Untier, welches die Menschen am Längsee bedroht hat. Ob ein eigenes Skriptorium in der Kärntner Benediktinerinnenabtei am Längsee überhaupt je existiert hat, darf zu Recht bezweifelt werden. Die bei der Aufhebung im Jahre 1783 im Stift aufgefundenen Bücher, ca. 600 Stück, beinhalteten zumeist die Themen Mystik und Askese und befinden sich heute in der Kärntner Landesbibliothek in Klagenfurt.

Benediktinerabtei St. Georgenberg – Fiecht bei Vomp:

Die Anfänge des Benediktinerklosters St. Georgenberg bei Vomp im Inntal bildete die Einsiedelei des Eremiten Rathold III. von Aibling, der um das Jahr 950 verstarb. Diese Eremitage wurde im Jahre 1130 durch Bischof Reginbert von Brixen in eine Benediktinerabtei umgewandelt.

Die Gründungslegende zur Abtei von St. Georgenberg datiert aus der Amtszeit des humanistisch gebildeten Abtes Kaspar II. Augsburger, der von 1469 bis 1491 dem Kloster als Leiter vorstand. Die Legende berichtet über einen Adligen aus dem Geschlecht derer von Aibling (der Name Rathold wird gar nicht explizit genannt), der sich in die Einsamkeit zurückzog, um ein gottgefälliges Leben zu führen. Sein Bruder und dessen Freunde bauten ihm eine kleine Einsiedelei, indes gingen die Arbeiten nur schleppend und langsam voran. Zudem verletzten sich die Arbeiter häufig.

Da trug sich Folgendes zu: Es kamen zwei weiße Tauben und trugen zwei abgeschlagene Späne, die sie mit ihren Schnäbeln aneinander hielten wie ein Dach und setzten diese an die Stelle, wo die nachmalige Abtei von St. Georgenberg nach Gottes Willen erbaut werden sollte. Die weiße Taube gilt als Symbol der Unschuld und zudem als Mittler von göttlicher Weisheit (beim Heiligen Papst Gregor den Großen oder der Heiligen Scholastika).

Die Gründungslegende von St. Georgenberg wurde offenbar direkt vom aus Freiburg im Breisgau nach Tirol berufenen Kartäuserprior in Auftrag gegeben und aufgezeichnet. Der hochgebildete nachmalige Benediktinerabt ließ für sein Kloster auch zahlreiche Bücher erwerben, für das ausgehende 15. Jahrhundert eine gewaltige Investition. Unter Abt Augsburger erlebte das vom Stiftsbrand des Jahres 1448 noch in Mitleidenschaft gezogene Kloster im Stallental einen kulturellen Aufwand. Am 3. April 1491 starb Abt Kaspar II. Augsburger in Schwaz.

Durch Brandkatastrophen der Jahre 1284, 1437, 1448 und 1705; wie auch durch verheerende Lawinen der Jahre 1668 und 1689 wurde die arg gebeutelte Abtei schließlich nach Fiecht verlegt.

Benediktinerinnenkloster Göss bei Leoben:

Vom 1. Mai 1020 datiert die Gründungsurkunde der im Jahre 1782 von Kaiser Joseph II. aufgehobenen Benediktinerinnenabtei – ab 1860 die Heimat des gleichnamigen und bekannten Biers.

Eine Gründungslegende hierzu datiert aus dem Jahre 1681 und findet sich in den „Carniola Antiqua et Nova sive ducates Annales" des Johann Ludwig Schönleben. Graf Aribo von Leoben wurde von einem Bären angefallen und getötet. Seine fromme Witwe, Gräfin Adala, gelobte hierauf zur ewigen Erinnerung ein Kloster zu stiften.

Der Bär war in der mittelalterlichen Symbolik ein dämonisches Tier und eindeutig dem Leibhaftigen zugeeignet. Wegen seiner enormen Kräfte galt der Bär auch als geistesschwach, unberechenbar und war zudem auch in Realita als Menschenfresser sehr gefürchtet.

Eine jüngere Gründungslegende, 1786 beim Historiographen Aquilinus Julius Caesar aus dem Augustinerchorherrenstift Vorau, berichtet wie beim Augustinerchorherrenstift Klosterneuburg, von einem durch den Wind verwehten Schleier. Dieser blieb auf einer Sandbank in der Mur liegen und dies war der Bauplatz der nachmaligen Abtei Göss.

Obwohl kein direkter Zusammenhang mit einem Skriptorium in der Abtei Göss besteht, so war diese ein Zentrum der Kultur und Bildung. Dies belegen auch die mehrfache Nennung einer Bibliothekarin im Stift wie auch die spärlich noch vorhandenen Relikte der einst bestimmt weit umfangreicheren Stiftsbibliothek von Göss.

Benediktinerinnenkloster Gurk bei Treibach – Althofen:

Die Heilige Hemma von Gurk (um 990 bis 1045), stiftete in Gurk ein Benediktinerinnenkloster und auch das Benediktinerkloster im Steirischen Ennstal.

Nach dem Tod ihres Gatten Wilhelm auf einer Pilgerfahrt ins Heilige Land wie auch nach dem Mord an ihren beiden Söhnen durch aufständische Bergleute, verschenkte Hemma all ihren Besitz an die Salzburger Kirche.

Um den Bauplatz für das Kloster Gurk zu ermitteln, ließ Hemma eine ihr gehörige Marienstatue auf einen Wagen heben und ein Paar ungelernte Ochsen so weit damit gehen, bis diese aus eigenem Antrieb stehen bleiben würden. Dies soll der Bauplatz für die Abtei der Benediktinerinnen sein.

Hemma starb im Jahre 1045, die ersten Drucke der Legende datieren jedoch erst aus dem 17. Jahrhundert. Somit hatte der Legendenstoff mehrere Jahrhunderte lange Zeit, sich zu entwickeln. Die Eruierung des Bauplatzes für die Abtei Gur oblag somit dem göttlichen Willen – wie auch bereits beim Augustinerchorherrenstift St. Florian beim Linz.

Die Zeit des Bestandes der neuen Klostergründung in Gurk waren jedoch nur 30 Jahre, da der Salzburger Erzbischof Gebhard sein begieriges Augenmerk auf die Klostergüter geworfen hatte und diese kurzerhand in ein Bistum umwandelte.

Benediktinerabtei Kremsmünster nahe Wels:

Die Benediktinerabtei Kremsmünster ist eine Stiftung des Bayernherzogs Tassilos III. (741 bis 794), die Stiftungsurkunde datiert aus dem Jahre 777.

Der Stiftschonist Bernardus Noricus berichtet über die Stiftung der Abtei in seinem im Jahre 1300 aufgezeichneten „Liber de origine et ruina Cremifanensis" von einem Todesfall des Herzogssohnes Gunther aus reinem Übermut und Leichtsinn. Bei der Nachtwache an dem teuren Leichnam tritt plötzlich ein Hirsch mit brennenden Kerzen auf den Stangen seines Geweihes aus dem Wald und zeigt somit die Stelle an, wo das nachmalige Kloster Kremsmünster errichtet werden soll. Die Regierungszeit des Abtes Friedrich von Aich (1275 bis 1325) ist die mittelalterliche Blütezeit des Stiftes. Der Stiftshistoriker Bernardus Noricus ist für die Jahre 1290 bis 1326 nachweisbar.
Zu Beginn des 14. Jahrhunderts betrug der Gesamtbestand an Handschriften im Stift bereits die sehr hohe Gesamtzahl von 400 Stück.

Die drei in der Gründungslegende von Kremsmünster auftretenden Tiere – Eber, Jagdhund und Hirsch – ließ Abt Friedrich von Aich bereits im Jahre 1304 in das Stiftswappen aufnehmen. Er ließ auch das Gunthergrab in der Krypta der Abtei errichten. Auf der Tumba liegt eine Figur des Herzogssohnes mit seinem treuen Jagdhund zu Füßen und dem toten Eber mit der zerbrochenen Saufeder zur Rechten.

Augustinerchorherrenstift Seckau bei Knittelfeld:

Das Augustinerchorherrenstift Seckau bei Knittelfeld wurde 1140 durch Adalram von Waldeck gestiftet. Hierbei handelte es sich um eine Sühnestiftung für den Mord an seinem Schwager Adalbero. Er trat zudem als Laienbruder in seine eigene Klosterstiftung ein und starb dort um das Jahr 1180.

Die Seckauer Gründungslegende findet sich in der Seckauer Stiftschronik „Chronicon seu diplomatorium" des Thomas Jurichius aus dem Jahre 1605. Hierin wird berichtet, Adalram von Waldeck sei auf der Jagd bei der Verfolgung eines Hirsches erschöpft unter einem Baum eingeschlafen. In einem hellen Lichtschein sei ihm die Muttergottes mit dem Jesusknaben auf dem Arm erschienen und habe ihm „Hic secca" zugerufen. Daraufhin habe Adalram den nächststehenden Baum gefällt und an der Stelle des Baumes wurde die Abtei Seckau errichtet.

Über den lateinischen Zuruf wurde auch gleich der Name der Abtei erklärt – hierbei spricht man von einer „Etymologie", welche sich insbesondere in der Barockzeit großer Beliebtheit erfreuten.
Nach der ersten kulturellen Blütezeit im zwölften Jahrhundert erlebte das obersteirische Kloster in der Barockzeit eine neuerliche Blüte. Seit dem Jahre 1218 war Seckau auch Bischofssitz. Obwohl von Kaiser Joseph II. aufgehoben, wurden die verlassenen Stiftsgebäude zu Ende des 19. Jahrhunderts durch Beuroner Benediktiner wieder besiedelt.

Der Hirsch galt als Symbol des Wandels aufgrund des jährlich abgeworfenen Geweihes, der Fruchtbarkeit und des Ewigen Lebens. Aufgrund seiner Erscheinung gilt der Hirsch als Symbol für Geschmeidigkeit, Edelmut und Eleganz. In negativer Hinsicht steht das edle Rotwild für Stolz, Eitelkeit und sexuelle Ausschweifung.

Zisterzienserkloster Viktring bei Klagenfurt:

Das südlich von Klagenfurt gelegene Zisterzienserstift Viktring war eine Stiftung des Kärntner Grafen Bernhard und seiner Gattin Kunigunde und datiert aus dem Jahre 1142. Die Zisterze Viktring wurde von Mönchen aus der Zisterze von Weiler – Bettnach besiedelt und im Jahre 1787 von Kaiser Joseph II. aufgehoben. Der hochgebildete Abt Johannes II. von Viktring (1312 bis 1345) berichtet in seinem „Liber de certarum historiarum" über die Gründung seines Klosters, dass der Neffe des Viktringer Gründerpaares, zum Studium nach Paris geschickt wurde. Am Hofe des französischen Königs wurde Heinrich verleumdet und musste, um seine Ehre wieder herzustellen, gegen einen Löwen kämpfen.

Der Sieg Heinrichs über den Löwen ist als Sieg des rechten (katholischen) Glaubens über den Teufel (wofür der Löwe in negativer Hinsicht steht) zu sehen. Um an ihrem Neffen Heinrich das ruhmreiche Verdienst des Kärntner Grafenpaares entsprechend zu würdigen, bediente sich Abt Johannes von Viktring hierbei einer sehr aussagekräftigen Lichtsymbolik.

Augustinerchorherrenstift Vorau im Wechselgebiet :

Gegründet durch den Markgrafen Otakar III. von Steier (1129 bis 1164) stiftete aus Freude über seinen heiß ersehnten Nachfolger, das Augustinerchorherrenstift Vorau im steirischen Wechselgebiet an der Grenze zu Niederösterreich.

Die Gründungslegende von Stift Vorau ist der Legende des Heiligen Hubertus von Lüttich nachempfunden und erzählt von der Erscheinung eines Hirschen mit einem glänzenden Kreuz zwischen den Stangen seines Geweihes. Zutiefst ergriffen von der

phänomenalen Erscheinung gelobte der Markgraf an der Stelle des Erscheinens des wunderbaren Tieres die Errichtung eines Klosters.
Diese Legende ist in den „Annales ducatus Styriae" aus 1768 des Vorauer Chorherrn und Historikers Aquilinus Julius Caesar (1720 bis 1792) in lateinischer Kurzform nachzulesen. Die Symbolik des Hirsches ist hierbei ein Symbol für Eleganz, Schönheit und Edelmut. Zugleich war Caesar einer der größten Kritiker des übertriebenen Wunderglaubens der Barockzeit, dem Alles und Jedes ein Wunder ist.

Die Entstehungszeit der Vorauer Gründungslegende war die Spätzeit der barocken Blüte des Vorauer Augustinerchorherrenstiftes, welche bereits Mitte des 17. Jahrhunderts begonnen hatte, als der großen stiftseigenen Bücherbestand neu strukturiert wurde.

Weisende Tiere in Gründungslegenden
von Klöstern in Österreichs Nachbarländern

Nicht nur in Österreich gibt es Gründungslegenden für Klöster mit weisenden Tieren. Es folgt ein Panoramablick zu den Nachbarländern.

St. Gallen – Schweiz:

Die ältesten Handschriften der „Vita Sancti Galli" datieren bereits aus dem neunten Jahrhundert. Die Vita berichtet, der Heilige Gallus sei ein Begleiter des Heiligen Kolumban gewesen. Dieser sei im Jahre 612 alleine nach Italien weiter gezogen, da er für die Krankheit seines Weggefährten keinerlei Verständnis aufbringen konnte. So blieb Gallus alleine zurück und errichtete sich eine Klause am Wasserfall der Steinach eine Einsiedelei. Daraus entstand im Jahre 719 ein Benediktinerkloster.

Die „Vita Sancti Galli" berichtet von einem wilden Bären, der den Heiligen Gallus bei seinen Bauarbeiten heimsucht. Gallus vertreibt das wilde Tier, welches jedoch bald wieder mit einem kleinen Stück Holz zurückkehrt. Dem Bären befiehlt er daraufhin mit der Aufforderung, er möge gefälligst mit ein wenig mehr Holz wiederkommen. Das Untier gehorcht und verschwindet daraufhin für immer.

Der Bär steht hierbei eindeutig für das Schlechte, Böse und Dämonische. Andererseits hatte der mittelalterliche Mensch große Angst vor der Stärke des Bären, der einem Menschen in der Wildnis jederzeit lebensgefährlich werden konnte.

Die Entstehungszeit der älteren Edition der „Vita Sancti Galli", das späte achte und beginnende neunte Jahrhundert war eine große

Blütezeit im St. Gallener Skriptorium. Der damalige Bibliothekskatalog nennt insgesamt über 400 Buchtitel.

Inselkloster der Benediktiner auf der Reichenau im Bodensee – Deutschland:

Das Benediktinerkloster Reichenau, lateinisch „Augia dives", wurde im Jahre 720 vom Heiligen Bischof Pirmin auf der gleichnamigen Bodenseeinsel gestiftet.

Die Weltchronik des Reichenauer Chronisten Hermann mit dem Beinamen „der Lahme" (1013 bis 1054) berichtet über die Klostergründung zu den Jahren 722, 724 und 727 wie der Heilige Bischof Pirmin auf die Bodenseeinsel kommt, die von giftigen Schlangen nur so wimmelte. Bischof Pirmin machte einfach das Kreuzzeichen über das unrühmliche Gezücht und die Reptilien stürzten sich allesamt in den Bodensee hinab.

Somit war das Areal für den Bau des Inselklosters Reichenau geebnet. Die Schlange ist gemäß der Bibel mit dem Sündenfall der Stammeltern Adam und Eva aufs Allerübelste beleumundet. Daher gilt sie auch als Symbol für Häresie und falsche Lehrmeinungen in der Theologie, deren einzig Richtige und Wohlgefällige die Katholische Religion ist. Mit einem einfachen Kreuzzeichen gelingt es daher dem Reichenauer Klostergründer, dem Heiligen Bischof Pirmin, die giftigen Reptilien in die Flucht zu schlagen.

Auch auf der Insel Reichenau war die Frühzeit im Vorfeld der Karolinigischen Renaissance unter Kaiser Karl den Großen (gest. 814) eine kulturell hochstehende Zeit. Im Jahre 822 umfasste der Reichenauer Bibliothekskatalog bereits beachtliche 415 Titel und Bände.

Kartausenkloster Seitz – Slowenien:

Die Kartause Seitz in Slowenien liegt etwa 20 Kilometer nordöstlich von Cilli in Slowenien und wurde von Markgraf Otakar III. von Steier, wie auch Stift Vorau, gestiftet.

Die Gründungslegende von Seitz, welche vermutlich im 14. Jahrhundert entstand, berichtet Folgendes: Markgraf Otakar sei auf der Jagd unter einem Baum eingeschlafen und erwachte vom Geschrei der Treiber, die einen Hasen verfolgt hatten. Das Langohr hatte unter dem Ärmel des Markgrafen Schutz gesucht und diesen geweckt. Auf Slowenisch soll Otakar sichtlich schlaftrunken und überrascht „Sajec, oh Sajec" ausgerufen haben. Dies soll auch den Namen der Kartause erklären, der sich jedoch vom direkt befindlichen Seitzbach herleitete.

Diese Gründungslegende ließ der Seitzer Prior im Jahre 1696 in Marmor meißeln, da die alte Platte schadhaft geworden war.
Der Hase steht hierbei als Symbol der Fruchtbarkeit und Wendigkeit bzw. Schnelligkeit. Aufgrund seines etwas eigenwilligen Tagesrthytmus steht der Mümmelmann auch als Symbol für den Mond.

Unter den drei Prioren Gottfried (1306 bis 1314), Konrad I. und Konrad II. (1342 bis 1379) war die spätmittelalterliche Blütezeit der Kartause. Dies war das intellektuelle Milieu, in welchem auch die Seitzer Gründungslegende entstand.

Zisterze Sittich – Slowenien:

Das sich 30 Kilometer südöstlich von Laibach befindliche Zisterzienserkloster Sittich war eine Gründung des Patriarchen Pilgrims I. von Aquileia auf dem Besitz der Herren von Weixelburg.

Diese wurde im Jahre 1136 mit Zisterziensermönchen aus der Zisterze Rein bei Graz besiedelt.

Der Kärntner Historiograph Johann Weikhard von Valvasor (gest. 1693) und der Sitticher Konventuale Paul Pucelji (1669 bis 1721, ab 1689 Mönch in Sittich) berichten zur Gründung des Klosters Folgendes: Die getätigten Baufortschritte am zukünftigen Zisterzienserkloster lagen am folgenden Morgen wieder zerschlagen auf dem Boden, bis man plötzlich einen kleinen grünen Vogel erblickte, der wiederholt „Sit hic" („Hier setze hin") sang. Sogleich wurde dieser Rat befolgt und bis zur Aufhebung der Abtei durch Kaiser Joseph II. im Jahre 1784 war es Brauch im Kloster einen grünen Vogel zu halten. Der Sittich, auch mitunter als Papagei angesprochen, steht als Symbol für die Exotik und Einzigartigkeit der ältesten Klostergründung im einstigen Kronland Krain.

Der Sitticher Konventuale Ignaz Fabiani aus dem letzten Dezennium vor der Aufhebung der Abtei sprach deshalb gar von „pöbelhafter Wahnsinnigkeit" ob der wunderbaren und sagenhaften Ursprungslegende seines Klosters. Ein bezeichnendes Statement für die Zeit der Aufklärung.

Der Zisterze Sittich wurde über die Jahrhunderte hinweg hinsichtlich Kultur, Archiv und Bibliothek ein hervorragendes Zeugnis ausgestellt.

Zusammenfassung

Betrachtet man die in den Klostergründungslegenden auftretenden Weisenden Tiere, so fällt dabei auf, dass in einigen Fällen die positiven Eigenschaften und Symbolassoziationen überwiegen – bei Anderen die negativen Eigenschaften und Symbolassoziationen.

Es muss zudem angemerkt werden, dass die Gedankenwelt der früheren Jahrhunderte eine völlig Andere war, als dies heute der Fall ist.

So bunt und vielfältig wie die Aussagen der jeweiligen Klostergründungen sind die Umstände der Gründungen wie auch der dazu gehörigen Ursprungslegenden.

Bildteil

Abb 3: Gruftdeckel aus 1696

Abb 4: Zwei Darstellungen des Sittichs

Abb1: Ein Mönch als Geschichtsschreiber.

Abb 2: Ausschnitt aus einem Ölgemälde

Literaturquellen

Bachmann, Hans: Die Benediktinerabtei St. Georgenberg im Kulturleben des Mittelalters. In: Tiroler Heimat XVI. Innsbruck, 1952. S. 34 bis 101.

Baumgartner, Ingeborg: Tiersymbolik in den Gründungslegenden anhandvon ausgewählten Beispielen in Slowenien. In: Annali dell´ Istituto storico italo – germanico in Trento, XXVI (2000). Bologna, 2001. S. 491 bis 509.

Bernhard, Günther: Die Geschichte der Kartause Seitz. Diplomarbeit. Graz, 1987.

Dieterich, Julius Reinhard: Die Geschichtsschreibung der Reichenau. In: Beyerle, Konrad (Hg.): Die Kultur der Abtei Reichenau. Erinnerungsschrift zur 1200sten Wiederkehr des Gründungsjahres des Inselklosters 724 bis 1924. München, 1970. Band II. S. 773 bis 801.

Dopsch, Heinz: Hemma von Gurk – eine Stifterin zwischen Legende und Wahrheit. In: Hemma von Gurk. Ausstellungskatalog zur Ausstellung auf Schloss Straßburg – 14. Mai bis 26. Oktober 1988. Klagenfurt, 1988. S. 10 bis 48.

Duft, Johannes: Geschichte des Klosters St. Gallen im Überblick vom 7. bis zum 12. Jahrhundert. In: Ochsenbein, Peter (Hg.): Das Kloster St. Gallen im Mittelalter. Die kulturelle Blüte vom 8. bis zum 12. Jahrhundert. Darmstadt, 1999. S. 11 bis 30.

Fank, Pius: Das Chorherrenstift Vorau und sein Wirken in Vergangenheit und Gegenwart. Graz, 1925.

Germania Benedictina: Die benediktinischen Mönchs- und Nonnenklöster in Österreich und Südtirol, Band III 1. Hg. Ulrich Faust und Waltraud Krassnig. St. Ottilien, 2000. Darin: Höfer, Rudolf K – Göss, S. 715 bis 767; Naupp, Thomas – St. Georgenberg – Fiecht, S. 434 bis 500; Tropper, Christina – St. Georgen am Längsee, S. 561 bis 612.

Germania Benedictina: Die benediktinsichen Mönchs- und Nonnenklöster in Österreich und Südtirol, Band III 2. Hg. Ulrich Faust und Waltraud Krassnigg. St. Ottilien, 2000. Darin: Faust, Ulrich – Gurk – St. Maria, S. 47 bis 49.

Goetz, Hans – Werner: Die Gegenwart der Vergangenheit im früh- und hochmittelalterlichen Geschichtsbewusstsein. In: HZ 255 (1992), S. 61 bis 97.

Goetz, Hans – Werner: Hochmittelalterliches Geschichtsbewusstsein im Spiegel nichthistoriographischer Quellen. Berlin, 1998.

Goetz, Hans – Werner: Geschichtsschreibung und Geschichtsbewusstsein im hohen Mittelalter. Vorstellungswelten des Mittelalters, Band I. Berlin, 1999.

Grebenc, Maurus: Aus der Gründungslegende von Sittich. In: Festschrift zum 800 – Jahrgedächtnis des Todes Bernhards von Clairvaux. Hg. Österreichische Cistercienserkongregation vom Hl. Herzen Jesu. Wien – München, 1953. S. 119 bis 166.

Härtel, Reinhard: Fälschungen im Mittelalter: Geglaubt, verworfen, vertuscht. In: Fälschungen im Mittelalter. Internationaler Kongress der Monumenta Germaniae Historica in München, 16. bis 19. September 1986. München, 1987. Band III, S. 29 bis 51.

Härtel, Reinhard: Klostergründungen und Historische Erinnerung. In: Annali dell´ Istitutio storico italo – germanico in Trento XXVI (2000). Bologna, 2001. S. 409 bis 426.

Haslinger, Felix: Legendenforschung. Aufgaben und Ergebnisse. Darmstadt, 1986.

Kastner, Jörg: Historiae fundationum monasterium. Frühformen monastischer Institutionsgeschichtsschreibung im Mittelalter. Münchener Beiträge zur Mediävistik, Band 18. München, 1974.

Keller, Gregor: Abtei Seckau in Obersteiermark. Graz, 1902.
Kneissl, Peter: Gründungslegenden Österreichischer Klöster. Hagiographische Elemente in den mittelalterlichen und neuzeitlichen Geschichtsquellen Österreichs. Herkunft, Verbreitung und Funktion. Inauguraldisseration – Universität Graz. Graz, 2002.

Kramer, Maurus: Geschichte der Benediktinerabtei St. Georgenberg – Fiecht. Innsbruck, 1954.

Mayer, Erwin: Beiträge zur Geschichte der Kartause Seitz. Diplomarbeit. Graz, 1982.

Nadrah, Anton: Sticna und seine Jubiläen, 1098 – 1898 – 1998. 900 Jahre Zisterzienserorden und 100 Jahre Wiederbesiedlung der Abtei Sittich – Sticna. Sticna, 1998.

Nahmer, Dieter von der : Die lateinische Heiligenvita. Eine Einführung in die lateinische Hagiographie. Darmstadt, 1994.

Naupp, Thomas: Zur Geschichte der Bibliothek der Abtei St. Georgenberg – Fiecht. In: 850 Jahre Benediktinerabtei St. Georgenberg – Fiecht, 1138 bis 1988. Studien und Mitteilungen des

Benediktinerordens, Ergänzungsband 31. St. Ottilien, 1988. S. 337 bis 365.

Neumüller, Willibrord – Holter, Kurt: Die mittelalterlichen Bibliotheksverzeichnisse von Kremsmünster. Linz, 1950.

Neumüller, Willibrord: Bernardus Noricus von Kremsmünster. Linz, 1963.

Neumüller, Willibrord: Der Heilige Florian und seine Passio. In: St. Florian. Erbe und Vermächtnis. Festschrift zur 900 Jahrfeier. MOÖLA, Band 10. Linz, 1971.

Patze, Hans: Klostergründung und Klosterchroni. In: Blätter für deutsche Landegeschichte, Band 113 (1977), S. 89 bis 121.

Patze, Hans: Adel und Stifterchronik. Frühformen territorialer Geschichtsschreibung im hochmittelalterlichen Reich. In: Blätter für deutsche Heimatkunde 100 (1964), S. 8 bis 81.

Roth, Benno: Seckau. Der Dom im Gebirge. Kunsttopographie vom zwölften bis zum 20. Jahrhundert. Graz, 1964.

Roth, Benno: Seckau. Geschichte und Kultur – 1164 bis 1964. Wien, 1964.

Sauer, Christine: Fundatio und Memoria. Stifter und Klostergründer im Bild – 1100 bis 1350. Veröffentlichungen des Max – Planck Instituts für Geschichte 105. Göttingen, 1993.

Scarpatetti, Beat von: Das St. Gallener Scriptorium. In: Ochsenbein, Peter (Hg.): Das Kloster St. Gallen im Mittelalter. Die kulturelle Blüte vom 8. bis zum 13. Jahrhundert. Darmstadt, 1999. S. 31 bis 69.

Schmale, Franz – Josef: Funktion und Formen mittelalterlicher Geschichtsschreibung. Eine Einführung. Darmstadt, 1975.

Valvasor, Johann Weikhard von: Die Ehre des Herzogtums Crain. Laibach, 1686. Buch VIII und XI.

Wolf, Susanne: Die Tiersymbolik im Mittelalter. Wien, 1965.

Zeichenstein und Wunderbaum. Österreichs Kirchen und Klöster in ihren Ursprungslegenden. Ausstellung im Stiftsmuseum Klosterneuburg. Klosterneuburg, 2000.

Bilder:

Abb1: Ein Mönch als Geschichtsschreiber. Darstellung in der Admonter Weltchronik, um 1190. Oben Kaiser Augustus. Im unteren Teil ein Mönch als Geschichtsschreiber, der gerade seine Schreibfeder spitzt, um mit seiner Schreibarbeit fortzufahren. Vor ihm auf einem Schreibpult das Manuskript liegend.

Abb 2: Ausschnitt aus einem Ölgemälde im Benediktinerstift Kremsmünster. Der Hirsch mit brennenden Kerzen auf den Geweihstangen zeigt den Standort der nachmaligen Klostergründung an. Ölbild aus dem 18. Jahrhundert.

Abb 3: Gruftdeckel aus 1696 aus der ehemaligen Kartause Seitz, seit 1827 im Zisterzienserkloster Rein bei Graz. Dargestellt ist die Gründungslegende der Kartause Seitz, wonach Markgraf Otakar III. von Steier auf der Jagd eingeschlafen unter seinen Gewändern einen Hasen, welcher dort vor den Treibern Schutz suchte, gefunden hatte.

Abb 4: Zwei Darstellungen des Sittichs auf einer Sonnenuhr im Abteihof des Zisterzienserklosters Sittich / Sticna, wonach ein fremder grüner Vogel die Arbeiter zum Bau des Klosters aufgefordert haben soll.

Alle Abbildungen Bildarchiv Dr. Peter Kneissl, St. Peter - Freienstein.

Weitere Bücher von Marcus E. Levski und Dr. Peter Kneissl

Die Goldene Stadt im Untersberg , Marcus E. Levski
Roman , ISBN 978-3-95652-177-5, Paperback, DIN A5, 150 Seiten,
30 größtenteils farbige Fotos, **€ 16,90**

Der Forscher Jürgen Draft und der berühmte Physiker Professor Claras begeben sich in ein waghalsiges und mystisches Abenteuer rund um den sagenumwobenen Untersberg. Getrieben von Wissensdurst und in Verschwörungen um den Illuminatenorden und andere Geheimgesellschaf- ten verstrickt, erleben die beiden Freunde eine Realität, wie sie absurder und ferner der unseren nicht sein könnte. Auf der Suche nach dem magischen und mystischen Kern, um den sich die Geschichten des Berges ran- ken, werden die beiden Abenteurer nicht nur in schockierender Weise mit ihren seelischen Schattenseiten konfrontiert, sondern stoßen auch an ihre persönlichen Grenzen wie auf den Zugang zum sagenhaften Land Agartha und zur darin befindlichen Goldenen Stadt. Fasziniert und gefan- gen von den eigenen Forschungen und Erlebnissen, entdecken die beiden Freunde noch weitere geheimnisvolle Hinweise, die sie bis nach Rumänien und zu den Pyramiden von Gizeh führen. Am Ende geraten die bei- den Forscher jedoch, anders als vermutet, an einen seltsamen Mönch der ihnen einen mächtigen, schwarz-violetten Stein als Schlüssel der Wahr- heit übergibt.

Die Goldene Stadt im Untersberg 2, Marcus E. Levski
Die Kronos-Offenbarung
Roman
ISBN 978-3-95652-210-9, Paperback, DIN A5, 200 Seiten, 28 zum Teil farbige Fotos, **€ 16,90**

Es geht Schlag auf Schlag. Der für tot gehaltene Sohn des Professors so- wie ein Orden, der sich seit Jahrhunderten der Menschheit verschrieben hat – zwei Forschungspartner von Jürgen Draft, die es eigentlich nicht ge- ben dürfte – der geheimnisvolle schwarz-violette Stein und ein altes Bündnis mit den Freimaurern und der Vril-Gesellschaft – Lichterschei- nungen, Zeit- und Gravitationsanomalien sowie andere sagenhafte Phä- nomene, aber auch Hinweise zum Untersbergcode und eine Göttin na- mens Isais am Untersberg. Die Zusammenhänge dieser Dinge brachten die abenteuerliche wie auch gefährliche Suche nach der goldenen Stadt im Zentrum der Erde zum Er- folg! Angekommen in dieser mysteriösen inneren Erde fanden die Freunde wohl – anders als erwartet – eine seit Jahrhunderten geplante Offenbarung der Zukunft sowie eine uralte dunkle wie mächtige Kraft, die aufzuerstehen droht. Ist die Geschichte der Menschheit schon geschrieben? Gibt es noch Hoffnung für die Zukunft? Die Kombination von realen Erlebnissen sowie den Ergebnissen von Re- cherchen rund um den Untersberg und anderen relevanten Fakten wie zusammengetragenen Quellen lassen diesen spirituellen Tatsachenro- man fast zu einem Sachbuch werden. Eine spannende Kombination zwi- schen schon bekannten und noch nicht bewiesenen Fakten und um das Mysterium Untersberg!

Die Goldene Stadt im Untersberg 3, Marcus E. Levski
Das Empyreum
Roman
ISBN 978-3-95652-245-1, Paperback, DIN A5, 288 Seiten, 29 größtenteils farbige Fotos, **€ 18,90**

Ein ehemaliger Geheimdienstagent erhält den Auftrag, drei mysteriöse Bücher zu finden. Bei der Suche nach den Büchern wird dieser mit dem ominösen Illuminatenorden konfrontiert und erhält Einblick in eine scho- ckierende Realität sowie eine uralte Prophezeiung für die Erde. Protagonist Jürgen Draft kämpft sich mit seinen Freunden auch in diesem Band durch verschiedene Abenteuer, angefangen in der Eiswüste im Nirgendwo, wo er mit Professor Claras am Ende des zweiten Bandes gestran- det ist. Die rasante Reise führt das Team quer durch Österreich und bis in die Ukraine, aber auch in andere Zeitlinien und deckt Zusammenhänge und Ursprünge einer okkulten Weltverschwörung von enormer Tragweite auf. Der dritte Teil der Saga der „Goldenen Stadt im Untersberg" basiert auf authentischen Erlebnissen und Recherchen des Autors, die in Roman- form berichtet werden.

Die Goldene Stadt im Untersberg 4, Marcus E. Levski
Das Vermächtnis der Isais
Roman
ISBN 978-3-95652-267-3, Paperback, DIN A5, 212 Seiten, 15 Farbfotos, **€ 16,90**

Bei ihren jahrelangen Recherchen auf der Suche nach Hinweisen zu den Mysterien des Untersbergs sind Jürgen Draft und seine Freunde um den ganzen Erdball gereist. Jetzt, im vierten und letzten Teil der spannenden Romanreihe, laufen endlich alle Fäden zusammen.
Ein letztes Mal begibt sich Jürgen auf die Suche nach weiteren versteck- ten Informationen, Codes und Symbolen in ganz Österreich, die helfen sollen, das Geheimnis der heiligen Sieben und des Untersbergs sowie des schwarz-violetten Steins der Isais zu lüften. Damien, ein alter Freund von Jürgen Draft, entdeckt im Dschungel von Sierra Leone ein uraltes Geheimnis und eine alte Prophezeiung, die mit der geheimnisvollen Isais und dem schwarz-violetten Stein in Verbindung stehen. Als er Jürgen davon berichtet, tritt er damit eine neue Suche und eine Lawine spektakulärer Ereignisse los ... Eine nervenaufreibende Jagd beginnt, die endlich die ersehnten Antworten bringt!

Grimms Märchen anno 1810, Peter Kneissl
Als das Wünschen noch geholfen hat

ISBN 978-3-95652-295-6 Paperback, DIN A5, 112 Seiten, 12 s/w-Abbildungen, **€ 11,50**

Wir alle kennen die Märchen der Brüder Grimm – doch nur die Wenigsten wissen, dass die Urversion der allseits beliebten Erzählungen ein wenig anders klang als die heutige Normfassung und dass zudem viele der Märchen gar nicht mehr in die Neuauflagen Eingang gefunden haben.

Tauchen Sie ein in die faszinierende Welt der Erzählungen, die den „Märchenbrüdern" überwiegend von Gewährsfrauen mitgeteilt wurden – und lesen Sie selbst nach, was Jakob und Wilhelm Grimm daraus gemacht haben.

Die Wilde Jagd, Peter Kneissl

ISBN 978-3-95652-987-1 Paperback, DIN A5, 180 Seiten, 15 s/w-Abbildungen, **€ 14,90**

Bisher immer nur im Rahmen von lokalhistorischen und volkskundlichen Untersuchungen behandelt, halten Sie hier die erste Gesamtübersicht über die Wilde Jagd in Deutschland und Österreich in Händen.

Streifen Sie durch die Vielfalt der dabei vertretenen Gestalten und Motive.

Der Autor ist sich sicher, aufgrund von mehr als 600 Belegen für diesen einzigartigen und sagenumwobenen Nachtzug auch Belege aus ihrer näheren Heimat gefunden zu haben.

Ein Buch, das wahrlich Spannung garantiert.

mythen-austria.at